काव्य सुराही

मनीष सराफ (अरमान सागरी)

Made with ♥ on the Notion Press Platform
www.notionpress.com

मैं इस सारी कायनात वा कुदरत का ऋणी हूँ
जिसने मुझे काव्य की कला बख्शी
हरिवंश राय बच्चन, मीर तक़ी मीर, मिर्ज़ा ग़ालिब,
साहिर लुधियानवी, जॉन एलिया, आदि
महान हस्तियों ने मुझे काफी प्रभावित ता प्रेरित किया है
मैं पूरी कायनात, कुदरत वा इन तमाम महान हस्तियों को
धन्यवाद देता हूँ
जिन ने मुझमें काव्य की रुचि जगाई और मुझे कुछ कहने
लायक बनाया

क्रम-सूची

क्रम-सूची

क्रम-सूची

क्रम-सूची

क्रम-सूची

अस्वीकरण

मेरा मक़सद किसी की व्यक्तिगत, सामाजिक, धार्मिक आदि भावनाओं को ठेस पहुंचाना नहीं है और ना ही किसी विशेष जाती, परंपरा, धर्म, व्यक्ति आदि को आहत पहुंचाना है! धर्म एक बहुत ही ऊँची जीज है, और हमें धर्म को समझना भी बहुत जरुरी है, क्योंकि धर्म के बिना हमारा जीवन अधूरा है, और वास्तविक धर्म क्या है यह जानना भी हमारे लिए जरूरी है! धर्म "जियो और जीने दो" का फलसफा सिखाता है मनुष्य जाती के लिए मनुष्यता की भावना होना बहुत आवश्यक है क्यूंकि यहाँ मनुष्यता बिना धार्मिक होना असंभव है! कविताओं में जो मदिरा, प्याला, हाला, मदिरालय आदि की बात है उसका कुछ भी लेना देना शराब से नहीं है, वह तो केवल और केवल अध्यात्म से सम्बंधित है, जहाँ परमात्मा की आध्यात्मिक ज्ञान रुपी मदिरा बह रही है और हम उस के इस जहान रुपी मदिरालय में बैठ कर इस आध्यात्मिक ज्ञान की मदिरा का मदिरापान कर रहे हैं!

प्रस्तावना

❦❦❦

जगत में काव्य की एक अपनी महिमा है

काव्य जीने का तरीका भी सिखाता है

और जीने की तरकीब भी देता है

काव्य से जीवन रसपूर्ण महसूस होता है

काव्य जिंदगी को समझने

और उसे पूर्ण रूप से कैसे जिया जाये

इसमें मदद करता है

काव्य के द्वारा हम सृष्टि और सृष्टि में जो कुछ भी मौजूद है

उसका वा उसकी खूबसूरती का वर्णन कर सकते हैं

काव्य के जरिये हम कुदरत का भी खूबसूरती से वर्णन कर सकते हैं

काव्य जीवन में रंग भर देता है

काव्य हमें धर्म को जानने में भी मदद करता है

काव्य हमें दर्शन और अध्यात्म से भी जोड़ता है

जीवन में काव्य की धारा बहे तो जीवन तरल और निर्मल जान पड़ता है

❦❦❦

भूमिका

ऐसा लेखक जो ना केवल जिंदगी के पहलू बल्कि दर्शन एवं अध्यात्म को भी अपने काव्य के

जरिये छूने की कोशिश करता है, एक ऐसा एहसास जो महसूस कर सकता है और फिर इन्हीं

एहसासों के फूल चुन, एक धागे में पिरोकर कुछ कहने की कोशिश करता है, बड़े अरमान से

अपने एहसासों की एक ऐसी शराब बनाई जिसे पीकर सब मदमस्त होकर झूम उठे!

अपने एहसासों की हाला पिलाने आया हूँ, सुनो सुनो मैं तुम्हे कुछ सुनाने आया हूँ! मेरा मानना है के हमें एक ही जीवन मिला है और हमें जिंदगी के हर क्षण को खुल के जीना चाहिए और पूरा आनंद लेना चाहिए! अगर हम भीतर से अपने आप को ऐसा बना पाए के चाहे जीवन में कैसी भी परिस्थिति हो हमारे होठों पे हंसी होगी (ऊपरी हंसी नहीं, भीतर से भी ऐसा ही महसूस कर पाएं) तो भगवान की प्रार्थना का यह बेहतरीन तरीका होगा! जिंदगी के पहलू वा दर्शन एवं अध्यात्म को जितना मैंने जाना उसी को अपने काव्य के जरिये किताब के रूप में सभी से सांझा करने का प्रयास किया है, मेरी इस भावना ने मुझे यह किताब लिखने के लिए प्रेरित किया और इसी से प्रेरित हो मैंने यह किताब लिखी है!

कवितायेँ / ग़ज़लें

1. एहसास

ना उम्र है मेरे एहसासों की, ना ही इन की सूरत है
जीवन के रंगों से भरपूर हैं ये, ये बहुत खूबसूरत है
हुनर खूब पाया है, ये पत्थर को फूलों सा कर देते है
सीमा नही है एहसासों की, फिर भी ये सीमित रहते है
चाह रहे मुझमें भी पाने की, इसलिए ये सपने दिखाते है
थमने लगता हूँ मैं जब भी, ये चलने की चाह जागाते है
संभाल के रखता हुँ एहसासों को, ये मेरे अनमोल मोती है
जिंदा हुँ मैं क्यौंकि, मेरे एहसास ही मेरी जीवन ज्योति है
कोई भी मोल नही है मेरे एहसासों का, के ये बहुत अनमोल है
हिफाजत से सहेज के रखता हुँ मैं इनको, ये रब के मीठे बोल है

2. माँ

किसने सोचा था के प्रेम इतना सर्वोच्च होगा कभी
के कोई शायर इतने पावन विषय पे लिखेगा कभी
ये मेरे दोस्तों प्रेम की पराकाष्ठा तो तब हो गई
के जब इक शायर की ग़ज़लों में शामिल माँ हो गई

मैं अपने गुनाहों को कुछ इस तरह धो लेता हूँ
के माँ के पल्लू में छुप, मैं जी भर के रो लेता हूँ

बटुए में लेके हम बच्चे अपनी माँ की दुआएं चलते हैं
जो जेब पर हो माँ की रहमत तो बच्चों के चेहरे खिलते हैं
के माँ ने उतारी है नजर हमारी और अब हम संभलते हैं
बनते होंगे लोग दौलत से, हम तो माँ की दुआओं से पलते हैं
मेरे चंद आंसू जो टपके बटुए में, माँ ने फूंक मारी है
के देखो अब ये आंसू भी बनके नोट बटुए से निकलते हैं
माँ की दुआओं को लेके जब भी हम घर से निकलते हैं
के हम उछालते है चंद सिक्के और दिन हमारे बदलते हैं

3. सुखन का फन

कहाँ ग़ालिब का कलाम
कहाँ साहिर की नज़्में
कहाँ सुखन की ये दुनिया
कहाँ राहत की ग़ज़लें
कहाँ बच्चन की मधुशाला
कहाँ बचपन का वो प्याला
अभी तो सीखना तुझे बहुत कुछ है अरमान
अभी तो तू कुछ भी नहीं

4. मीर तक़ी मीर

जख्म का ना गुज़ीर है कोई
ना ही मरहम ना धीर है कोई
चाँद तारे ना सीर है कोई
ना वो सूफी फ़क़ीर है कोई
मीर तो मीर था जहाँ वालो
उसके जैसा ना पीर है कोई
टूटे दिल का करे वो जो चारा
अब ना दूजा वो मीर है कोई
फन सुखन का दिला सके जो वो
हाथ में ना लकीर है कोई
इश्क ऐसा नहीं है अब मुमकिन
ना ही रांझा ना हीर है कोई
उसके जैसा जो चीर दे दिल को
ना वो तरकस में तीर है कोई
उसके जैसी ना फन की है दौलत
ना ही इतना अमीर है कोई

5. कलाकारी

मैंने तो कुछ कहा नहीं
मैंने तो कुछ लिखा नहीं
असहार यूँ ही आ गये
ग़ज़ल नई बना गये
गीत यूँ ही बह गये
जज्बात मेरे कह गये
इक खुमारी छा गई
के चित्रकारी आ गई
बैठा रहा कलम लिए
और कलाकारी आ गई

6. मोहब्बत

ये ख्यालों की उलझन है, या तेरी मोहब्बत का है असर
कागज पे फेरी जो मैंने उंगलियाँ, तेरी तस्वीर उभर आई है
हर पल तेरा ख्याल दिल में, तेरा ही जिक्र बातों में मेरी
तुम अल्फाज हो मेरी ग़ज़लों, के इन से तेरी महक आई है
तेरे गेसुओं की खुशबू में खो गया मैं, कुछ इस तरह से
के कुछ खबर नहीं कब सुबह गई, और कब शाम आई है
तेरे मखमली बदन को छुआ, इस तरह से उंगलियों ने मेरी
के यूँ खिल गया तेरा बदन, जैसे मैंने रेत पे तस्वीर बनाई
है
मैं इस कदर बेसुध हो रहा, तेरी मदहोश आँखों में
के जमाने की तल्खियां भी, मेरे मन को छू ना पाई है
दुआ है हर जन्म मेरी मोहब्बत, यूँ ही परवान चढ़ती रहे
मेल नहीं ये जिस्मों का, खुदा ने ये जोड़ी रूहानी बनाई है

7. मेहबूब

तेरे जैसा नहीं जमाने में
लब्ज कम पड़ गए बताने में
यार पैसा नहीं सभी कुछ पर
लोग फिर भी लगे कमाने में
बात ऐसी नहीं कही जाए
हो मजा ना जिसे सुनाने में
दाँव पे दिल लगा दिया हमने
दाँव महंगा पड़ा लगाने में
रास्ता जो दिखा सके कोई
राहबर वो नहीं जमाने में
बात दिल की जिसे कही जाए
लोग ऐसे नहीं जमाने में
जीत उसकी सदा रहे पक्की
जीत जाऊं उसे जिताने में
याद आती रही सदा उसकी
और मैं तो लगा छुपाने में

8. दिलरुबा

कहते कहते तुम्हे मैं ये क्या कह गया
तू मुझे अपनी लगी, दिलरुबा कह गया
मैंने देखा तुझे, देखता रह गया
कहा कुछ भी नहीं, पर ये क्या कह गया
तेरी आँखों में, मैं इस तरह बह गया
मैं तो मदहोश था, पर ये क्या कह गया
बोलती तू रही, और मैं चुप रह गया
मेरी महबूब हो, महबूबा कह गया

9. हसीना

ओ हसीना नाज़नी सुन
तू बड़ी है खूबसूरत
है अदा नमकीन तेरी
के क़यामत हैं ये आँखें
हैं गुलाबी गाल तेरे
होंठ तेरे हैं रसीले
हर्फ़ तेरे चासनी हैं
बोल तेरे रागनी हैं
जो बिखेरीं ज़ुल्फ़ तूने
कैद इनमें हम हुए हैं
तू परी हैं हूर है तू
तीरगी में नूर है तू
हुस्न तेरा एक जादू
चल गया जादू ये मुझपे

10. सितम

❧❧❧

मुहब्बत में इतना वो तड़पा रहे हैं
झुका के नजर बस वो शरमा रहे हैं
लगा दिल कहीं जो जमाने गए वो
के दिल को यही हम तो समझा रहे हैं
नहीं प्यार फिर और क्या है बताओ
मिरे नाम पर क्यों वो इतरा रहे हैं
दिखाते नहीं घाव अपने कभी पर
मिरे सब गमों को वो अपना रहे हैं
लगी आग ऐसी मुहब्बत में देखो
बुझा हम रहे हैं वो दहका रहे हैं
बड़ी यार मुश्किल घडी हो रही है
कि जुल्फें जो अपनी वो बिखरा रहे हैं
मजा जिंदगी का मुझे आ रहा है
कि दिल का ये गुलशन वो महका रहे हैं
दवा ना मिली जो कहो गम किसे है
कि बातों से दिल को वो धड़का रहे हैं
समझ प्यार की जान अरमान रखता
सभी यार मेरे ये फरमा रहे हैं

❧❧❧

11. तन्हाई

याद आती रही उसी की पर

दिल को अपने हमी ने समझाया

नींद आती नहीं मुझे जाना

रोग ऐसा हमी ने क्यों पाया

रात ख्वाबों में तुम नहीं आना

मन को हमने हमी से बहलाया

कास बाहों में तुम ही होती क्यों

वक़्त ऐसा कभी नहीं आया

तोड़ दिल को चली गई हो तुम

यार तुमने बड़ा हि तड़पाया

आ गई सामने मीरे जब तुम

जोर से तुम ने दिल को धड़काया

12. कासिद

ये कासिद तुम चले आओ
खबर उनकी तो ले आओ
वो कैसे है ये बतलाओ
ये हाल-ए-दिल सुना आओ
चले आओ, चले आओ
खबर उनकी तो ले आओ
के उनकी याद आती है
के रातों को जगाती है
रुलाती है, हंसाती है
सताती है, तड़पाती है
के उनकी याद आती है
बस उनकी याद आती है
लिखे हमने जो खत उनको
वो क्या तुमने दिए उनको
वो क्या कहते है बतलाओ
के आ भी जाओ, आ भी जाओ

13. बादशाही

हमेशा बादशाही तो यहाँ अपनी रही यारो
नहीं की बंदगी हमने किसी सरकार की यारो
पड़े हमने कसीदे कोई नहीं देखो कभी यारो
लगी सच्ची हमें जो बात कह दी फिर वही यारो
नहीं सोचा नहीं समझा कभी अंजाम क्या होगा
मिलेगी मौत या साँसे बचेगी जिंदगी यारो
हुकूमत ने जो फ़रमाया नहीं हमने वो अपनाया
सिला फिर क्या मिला हमको नहीं हैरानगी यारो
हमें बांधे नहीं जंजीर ऐसी है जमाने में
के काटे हैं हमी ने तो यहाँ फंदे सभी यारो

14. सवेरा

सुन जरा क्या ये मुझे बादल घनेरा बोलता है
कैद मुट्ठी में किया इस ने सवेरा बोलता है
एक कतरा भी नहीं इन तेज लहरों का अभी ये
नासमझ पर देख खुद को एक दरिया बोलता है
एक जर्रे का सहारा ही बहुत है डूबते को
तुंद भंवर हारता जब एक तिनका बोलता है
कौन इसको ये बताए के यहाँ तुम रब नहीं हो
लड़खड़ा ये नींव जाती जब फकीरा बोलता है
काट पहाड़ कोहकन हर रास्ता है खोल देता
ढह चट्टान एक जाती जब हथौड़ा बोलता है
इन फिजाओं में जहर मत इस कदर तू अब मिला के
सांप छुपते हैं बिलों में जब सपेरा बोलता है
हैं पिघलते सख्त पत्थर देख भोली सूरतों को
ये खुदा भी टूटता जब एक बच्चा बोलता है
छोड़ गुरूर प्यार करले के जरा तू जिंदगी जी
इल्म सारा इश्क ही है ये कबीरा बोलता है
तू पिला दे यूँ मुझे के होश साकी ना रहे अब
नाचने दे मय मुझे तू आज प्याला बोलता है
पी रखी गर मय किसी ने है वही के होश में अब
वो नहीं फिर और कुछ सच के अलावा बोलता है

15. तजुर्बे

जिंदगी हमें ना जाने रोज-रोज कितने तजुर्बे देती है
जिंदगी हर पल हमारा इंतिहान लेती है
जिंदगी के ये तजुर्बे हमें लिए बहुत कारगर साबित होते हैं
अगर हम इनसे सीख ले सकें तो
हम जिंदगी के हर इंतिहान में सफलता पा सकते हैं

जिंदगी तूने मुझको
तजुर्बे तो तमाम दिए
मीठी सी चासनी में लिपटे
कुछ पल तो कुछ कड़वे इनाम दिए
जिंदगी तूने मुझको
तजुर्बे तो तमाम दिए
मीठी सी चासनी में लिपटे
कुछ पल तो कुछ कड़वे इनाम दिए
बैठी थी हिम्मत मेरी
तेरे दर पर कुछ सवाल लिए
बैठी थी हिम्मत मेरी
तेरे दर पर कुछ सवाल लिए
कुछ पे साधी तूने चुप्पी
तो कुछ के जवाब दिए

जिंदगी तूने मुझको
तजुर्बे तो तमाम दिए
मीठी सी चासनी में लिपटे
कुछ पल तो कुछ कड़वे इनाम दिए
लोग मिले कुछ कुछ ऐसे
तो कुछ कुछ मिले हैं वैसे
कुछ जाने अनजाने से रिश्ते
कुछ जाने पहचाने से चेहरे
कुछ कुछ चेहरों पे नकाब
क्या यही जिंदगी है जनाब
जिंदगी तूने मुझको
तजुर्बे तो तमाम दिए
मीठी सी चासनी में लिपटे
कुछ पल तो कुछ कड़वे इनाम दिए

16. तक़दीर

ये हमारी कहानी है और इस कहानी के मुख्य किरदार भी हम ही हैं
तो जब हम अपनी कहानी के मुख्य किरदार हैं, फिर दूसरों के हाथों कठपुतली क्यों बने
जिंदगी में सलफलता मिले या विफलता इसके लिए हम ही जिम्मेदार हैं, तो फिर हम औरों से प्रभावित होकर अपनी जिंदगी से खिलबाड़ क्यों करें

किसी और के लिखे हाथों की तक़दीर ना बन
ये तेरी कहानी है इससे तू खुद लिख
अच्छी या बुरी जैसी भी है ये तेरी कहानी है
तू अपनी कहानी का किरदार खुद चुन
ये कलम बिकती नहीं साहिब
ये मेरी जुवा है तेरी जुवा नहीं साहिब
मैं मैं हूँ तू तू है
मैं तू नहीं तू मैं नहीं
मुझे किसी को लुभाना नहीं है
मुझे किसी को मनाना नहीं है
मुझे किसी को अपना बनाना नहीं है
मुझे किसी को कुछ दिखाना नहीं है

जो तूने पकड़ी है राह तू खुद देख

जो तूने चुनी है मंज़िल तू खुद देख

मुझे किसी और की राह पर जाना नहीं है

मुझे गैरों की मंज़िल पाना नहीं है

छुपाने को कुछ भी नहीं पास मेरे

मुझे किसी से कुछ छुपाना नहीं है

मेरी कहानी का मुख्य किरदार मैं खुद हूँ

मुझे किसी और का किरदार निभाना नहीं है

17. चाक गरेबाँ

❧❧❧

चाक गरेबाँ लाख सही पर इस पे रफू मंजूर नहीं है
चाक जिगर भी लाख करो पर दिल मेरा रंजूर नहीं है
होश कि बातें खूब करें पर होश गवाना किसको आया
जाम पिया फिर होश गवाया रूह मेरी मख़्मूर नहीं है
तेज़ हवा का झोंका मुझको देने खबर तेरी तो है आया
कासिद खत अब रोज ये लाये ऐसा तो दस्तूर नहीं है
काशी, काबा, बुतखाने हैं, बुत हैं, खुदा हैं, भीड़ लगी पर
फिर भी परेशां लोग सभी के लोग यहाँ मसरूर नहीं हैं
हाला बरसे प्याला झूमें धूम मची है जश्नों की के
मौज है कितनी मयखानों में कोई यहाँ मजबूर नहीं है
शक्ल अलग है अक्ल अलग है रूप अलग है बात अलग है
रंग सभी ये कुदरत के हैं ये दुनिया बे-नूर नहीं है
होती परस्ती रोज बुतों की चाह खुदा की सोच किसे है
खूब इबादत करते सभी पर लोग यहाँ मक़्दूर नहीं हैं
कितनी दौलत लोग कमाते पर खुशियां फिर भी ना पाते
खाली खाली सब कुछ है के कुछ भी तो भरपूर नहीं है
ज़ख्म तिरे अरमान हैं गहरे दर्द कि इनको खूब समझ है
हाल दिलों का ज़ख्म कहें ये इतने अभी नासूर नहीं हैं

❧❧❧

18. पिता

पिता ने चलना सीखा दिया
जिंदगी में संभलना सीखा दिया
माना जिंदगी थोड़ी मुश्किल है
पिता ने जीने के काबिल बना दिया
पिता का प्यार थोड़ा अलग होता है
इसलिए पिता को समझना मुश्किल होता है
बच्चों के लिए आसमान सा है पिता
कभी ठंडा तो कभी गरम तापमान सा है पिता

19. साड़ी

❧❧❧

साड़ी तुमने बुनी या बुनी कायनात
साड़ी तुमने जड़ी या कही दिल की बात
साड़ी साड़ी नही ये तो सम्मान है
साड़ी औरत का गहना है और आन है
साड़ी पहचान है, साड़ी ही मान है
साड़ी औरत की रूह और दिल-ओ-जान है
साड़ी भगवान भी, साड़ी इंसान है
साड़ी क्या खूब है, देश की शान है
साड़ी माँ भी है, साड़ी बहन भी मगर
साड़ी महबूब है, साड़ी है हमसफर
साड़ी आँचल बनी तो माँ हो गई
साड़ी हाथों बंधी तो बहन हो गई
साड़ी महकी के खुशियाँ महकने लगी
साड़ी चहकी के हसरते चहकने लगी
साड़ी उलझी तो उलझने बढ़ने लगी
साड़ी सुलझी तो उलझने सुझलने लगी
साड़ी बिखरी तो अरमान मचलने लगे
साड़ी सिमटी तो जज्बात मरने लगे
साड़ी लहराई के धड़कने गाने लगी
साड़ी शरमाई के जान जाने लगी
साड़ी मुस्कुराई के जानो पहल हो गई

साड़ी इटलाई के देखो ग़ज़ल हो गई
साड़ी सिर पे गई तो हया बन गई
साड़ी सिर से गिरी तो बला बन गई
साड़ी सजदे में झुकी तो दुआ बन गई
साड़ी ढाल बनकर लड़ी तो खुदा बन गई
साड़ी रुसवा हुई तो चमन लूट गया
साड़ी जिंदा जली तो सब कुछ मिट गया
साड़ी हरी हुई तो फ़िज़ा बन गई
साड़ी लाल हुई तो दुल्हन बन गई
साड़ी पीली हुई तो दिलरुबा बन गई
साड़ी नीली हुई तो अदा बन गई
साड़ी काली हुई तो बाला बन गई
साड़ी सफेद हुई तो चिता बन गई

लघु रचनाएँ / शेर-ओ-शायरी

20. जख्म

मेरे जख्मों की बात ना कर, तेरे पास क्या क्या है इंतजाम बता

पिस्टल, चाकू, छुरिया, खंजर के और क्या क्या है सामान बता

वार चाहे तू जितने भी करले पर करती मुझसे कितना प्यार बता

नजरें, जुल्फें, काजल, चूड़ी, पायल और क्या क्या है औजार बता

दिल अपना हार के मैं हुजरे मे तेरे बैठा हूँ के होगा कब तेरा दीदार बता

बातें, नशा, अदा के इनसे मुझको फाना करने को है तू तैयार बता

21. जिंदगी

दो पलों के बीच का है फासला ये जिंदगी
एक पल का है हसीं बस मामला ये जिंदगी
तय है करना अब तुझे ही हो के कैसा ये सफर
दे हमें फिर तू यहाँ पर रास्ता ये जिंदगी
रोज करती है नुमायाँ हम पे अपना राज ये
हर कदम पर है नया इक फलसफा ये जिंदगी
तोड़ देती रस्म सब ये ना है बंधन कोई भी
और देती फिर हमें है हौसला ये जिंदगी

22. मंजर

सुबह जब नजरें मिली तो दोनों खामोश थे
पर बिस्तर की सिलवटों ने सब कह दिया
बीती रात का मंजर भी कितना हसीन था
टूटकर बिखरी हुई तेरी चूड़ियों ने कह दिया
के ये जो कुछ भी हुआ था हमारे बीच में
ये मुझे दिए तेरे मीठे जख्मों ने कह दिया
लब खामोश थे तू शर्म से थी पानी पानी
मेरे सीने पे तेरी बिंदिया ने सब कह दिया
तू भी खुश थी और मैं भी खुश था बहुत
पर हमारी मुस्कुराहट ने सब कुछ कह दिया

23. शाम

शाम हो रही है के
जाम तो पिला मुझको
मयकशी डुबा देगी
ज़िंदगी बना देगी
होश में नहीं रहना
कुछ मुझे नहीं कहना
बेखुदी मजा देती
नींद से जगा देती
लफ्ज़ का नशा मुझको
शेर कर अता मुझको
दे ग़ज़ल खुदा मुझको
गीत इक नया दे दे
नज़्म भी मुझे तू दे
काम बस यही तू दे
वक़्त का इशारा है
जाम का सहारा है
दिल यही पुकारा है
इश्क़ ये हमारा है
दर्द लिख रहा है जो
बज़्म नहीं है वो

24. ख़्वाब

वक़्त यूं ही शाम का था
जा रहा था मैं अकेला
होश मुझको ही नहीं था
बे-खबर था बे-खबर था
पास मंजिल दिख रही थी
और कोई भी नहीं था
फिर अचानक एक सूरत
सामने जो आ गई तो
पूछ बैठा हाल उसका
क्या अजब था क़ाल उसका
बात उसकी सुन रहा था
देख उसको मैं रहा था
भूल बैठा मैं कि सब कुछ
ध्यान मुझको ही कहाँ था
बात उसमें कुछ अजब थी
छब अजब थी ढब अजब थी
रंग उसका छा गया था
रूप उसका भा गया
खो गया था मैं कि उसमें
हो गया था मैं कि उसका
क्या अदा थी क्या अदा थी

क्या नशा था क्या नशा था
एक आहट जो हुई के
फिर अचानक नींद टूटी
ख्वाब टूटा बात छूटी
उठ गया फिर नींद से मैं

25. नकाब

लोगों के चेहरों से अब नकाब हटाना जरूरी है
के वो क्या हैं ये उनको भी बताना जरूरी है
लबों पे मिठास, जहर दिल में, यही चलन है
पर दोस्ती में दिल से दिल मिलाना जरूरी है
ना तेरे वार पे उफ, ना शिकवा, ना शिकायत
के जंग में दुश्मन को यूँही सताना जरूरी है
इस मुर्दों के शहर में क्यूँ इस कदर जिंदा हूँ मैं
हो जिंदा तो फिर जिंदा नजर आना जरूरी है
नफरतों से कुछ भी नहीं हासिल अरमान
हो दिलों के बीच खाई, खाई मिटाना जरूरी है

26. सद्भाव

महीनों में नहीं तो साल में ही सही, पर एक दिन तो ऐसा आये

मैं हिंदू मस्जिद जाऊँ और वो मुसलमां मेरे मंदिर चला जाये

मैं ख्वाजा को रेवड़ीयाँ-तबर्रुक चढ़ाऊं, वो राम को भोग लगाये

मैं मोहम्मद के सूफी गीत गाऊँ और वो कृष्णा के भजन सुनाये

27. इम्तिहाँ

मैं कैसे कह दूँ के मैं ठीक हूँ
मैं तो बस चेहरे पे थोड़ी मुस्कान लिए बैठा हूँ
कहीं कोई देख ना ले मेरी आँखों का सैलाब
इसलिए मैं खुद को कैद किए बैठा हूँ
तन्हाइयों से अब कभी भी घबराता नहीं हूँ मैं
के मैं तो बस दिल में सन्नटा लिए बैठा हूँ
ना रात की फिक्र, ना अंधेरों का कोई खौफ
मैं तो दिल में चिरागों का उजाला लिए बैठा हूँ
अब किसी भी बात की फिक्र नहीं है मुझे
के मैं तो बाजार में खुद का घाटा किए बैठा हूँ
ऐ जिंदगी तूने इम्तिहाँ मेरे क्या क्या ना लिए
इक मैं हूँ के अभी भी तेरा ऐतबार किए बैठा हूँ
तूफानों से कह दो के तेरा खौफ नहीं है मुझे
के मैं तो हवाओं को मुट्ठी में कैद किए बैठा हूँ

28. वक्त का पासा

कौन कहता है के वक्त का पासा कभी भी पलट सकता नहीं
जो गर्दिश में हो तारे तो गर्दिश से कोई निकल सकता नहीं
रख हौसला बंदे, कर खुद पर ऐतबार, चलता रह तू यूँ ही
वक्त की फितरत पलटना है, ये हमेशा एक सा रह सकता
नहीं
ये मेरे दोस्त उतार चढ़ाव के मौसम तो आएंगे जाएंगे कई
धड़कते रहना तुम धड़कनों की तरह, थम ना जाना तुम
कहीं

29. मासूम

मेरा दिल था यारो बच्चा, बच्चा ही रह गया
दुनिया के इस गणित में कच्चा ही रह गया
कपट ना इस को आया, छल ना इस को बहाया
के झूठ में भी यारो ये कच्चा ही रह गया
मेरा दिल था......

30. दुनियादारी

अब और ये दुनियादारी मुझसे होगी नहीं
के अपने आप से गद्दारी मुझसे होगी नहीं
रस्म-ओ-रिवाज मुबारक तुमको तुम्हारे हो
के अब और मुझसे ये रवादारी होगी नहीं
ये तो दीवानों की महफिल है चले आओ
जो हो सको मुझ जैसे पागल तो चले आओ
दिल के दरवाजे खुले हैं दिलवालों के लिए
बनावटी लोगों से अब मेरी यारी होगी नहीं

31. दिल

जाने क्यूँ आज कल दिल मेरा उदास रहता है
है तो मेरा पर ना जाने किसके पास रहता है
मैं लाख सोचता हूँ पर मेरी हैरानी नहीं जाती
धड़कने मेरी चलती है, ये उनके पास रहता है
मैं इस को बहलाने की कोशिशें लाख करता हूँ
पर ये जिद्दी है बड़ा के अक्सर उदास रहता है
अब तू ही बता इस को कैसे अपना कहे अरमान
के उनके ख्यालों में खोया ये बदमाश रहता है

32. दुआ

दुआ ये है मेरी, अब कभी फासला ना हो
सजा जो मिले मुझे, पर कभी ये सजा ना हो
जे भूलूँ कभी तुझे मैं, जे पल ना कभी आये
जे आती रहे तू याद मुझे, कम वफा ना हो
घनी रात है माना, हवा भी है ये खिलाफ
रहूँ दूर तुझ से, ये कभी हौसला ना हो
है ये जुल्फ का साया घना, या है अब्र छाया
तमन्ना है ये मेरी, कभी हम जुदा ना हो
है पी जो निगाहों से, नशा छा गया है मुझे
है मदहोश दिल मेरा, कभी कम नशा ना हो

33. फिक्र

दुख के ये दिन है के कट जाते है
गम के बादल है जो छट जाते है
फिक्र है अपनों की जो अब बड़ जाती
उम्र से दिन कुछ जो ये घट जाते है
लोग उदास से है लगने लगते
दिल के अरमां ये जो मिट जाते है
उन परिंदों को बुलंदी हासिल
खोल के पर जो सिमट जाते है

34. चाँद

ये चाँद मेरे ये चाँद मेरे तू जरा धीरे-धीरे ढल
के चांदनी रातों में तूने कैसी मचा दी ये हलचल
ये ठंडी-ठंडी मस्त हवाएं करती है मुझको पागल
उसकी तीखी-तीखी अदाएं करती है मुझको घायल
गुजरे पास से वो तो लगता जैसे लहरें गई हो मचल
बिजली टूटती है दिल पे जब लहराती है वो आँचल
जब पास में वो होती है तो ये दिल जाता है बहल
तूफानों ना आना अभी के टूटना जाए ये ताजमहल

35. घरौंदा

जर्रा जर्रा बचाया के तब ये घरौंदा बनाया
क्या क्या सहा जाने तब ये घरौंदा बनाया
रातों को जागा, मैं सुबहों को भागा
के जलता रहा यूँही तब ये घरौंदा बनाया
ना किसी से मदद ली, ना ईमान बेचा
पसीना बहाया के तब ये घरौंदा बनाया
जान इस में है फूंकी, प्यार से है सजाया
के मरता रहा रोज तब ये घरौंदा बनाया
नफरतों को इस में मैं पलने ना दूंगा
मैंने खुद को मिटाया के तब ये घरौंदा बनाया
रहो इस में लोगो बड़े प्यार से तुम
मैंने सुकू अपना खोया के तब ये घरौंदा बनाया
सितम तूने क्या क्या सहे होंगे अरमान
अपने लहू से है सिंचा के तब ये घरौंदा बनाया

36. पैमाना

के अमीरी का पैमाना जो तूने दौलत रखा है
तो चल हम भी अपनी किस्मत आजमाते है
एक पलड़े पे तू ला के अपनी सारी दौलत रख
एक पलड़े पे हम अपना दिल दाँव पे लगाते है

37. रवानी

मैं खुद को तालाब से समंदर तक ले आया हूँ
के साहिल से भँवर तक ले आया हूँ
अब मजा लेना है मौजों की रवानी का और
जर्फ देखना है चिरागों का तेरे आगे ये तुग़यानी

38. लड़की

❧❧❧

ये लड़की अकेले में बहुत हंसती है
जरा पता तो करो क्या किसी से प्यार करती है
ये पगली अकेले में खुद से ही बातें करती है
पता तो करो, मुझे तो ये इश्क की बीमार लगती है

❧❧❧

39. सोच

एक सोच को लेके निकला
एक ख्वाब को पाना है
मंजिल है कठिन लेकिन
एक राह बनाना है
कुछ मैं दीवाना हूँ
कुछ दिल दीवाना है
तूफानों में है कश्ती
इसे पार लगाना है
कुछ खोना, कुछ पाना
उम्मीद जगाना है
हो कितनी अभी दूरी
बस चलते जाना है

40. सुकून

मैं सुकून ढूंढता रहा उम्र भर बंगला, गाड़ी, मोटर कार में
पर सुकून तो बच्चों के उन नन्हे से प्यारे खिलौने में था
मैं सुकून ढूंढता रहा उम्र भर दौलत, शोहरत, व्यापार में
पर सुकून तो थी जहां नन्ही सी गुल्लक उस कोने में था

41. बाजार

बाजार सज गये चलो हम भी कुछ सामान खरीद लाएँ
कुछ चेहरों को मुस्कान देके थोड़ी मुस्कान खरीद लाएँ
बच्चों के लिए कपड़े, खिलौने और टॉफियाँ खरीद लाएँ
महबूब के लिए सुंदर आभूषण और साड़ियाँ खरीद लाएँ

42. मजबूरियाँ

कुछ तो मजबूरियाँ रही होंगी उसकी भी
के दिलों के बीच जरूर दूरियां रही होंगी
वरना हालात ऐसे तो ना थे कभी भी के
वो घर तक तो आई मगर घर ना आई

43. गीत

लिखे हैं गीत मैंने जो
वो तुम भी गुनगुना लेना
लिखे हैं गीत मैंने जो
वो तुम भी गुनगुना लेना
लगे ना मन कहीं तो
सुन गीत मेरे मुश्कुरा लेना
लगे ना मन कहीं तो
सुन गीत मेरे मुश्कुरा लेना

44. मुखालिफ

इस खेल का अब तो मुझे बड़ा ही मजा आ रहा है जिंदगी
शतरंज की इस बिसात का दिल लुफ्त उठा रहा है जिंदगी
हर चाल मुखालिफ की गर तीर है तो हर मोहरा मेरा वजीर है
चालें तू जोरदार चल, खेल अब गंभीर हुआ जा रहा है जिंदगी

45. काव्य

मधुशाला बह रही है
कविताएँ कह रही है
मधुशाला बह रही है
कविताएँ कह रही है
ये कहाँ आ गया हूँ
राह जो मैं पा गया हूँ
मुझे कुछ पता नहीं है
मुझे कुछ खबर नहीं है
ऐसा क्या किया था मैंने
जो मधुशाला पा गया हूँ
मधुशाला बह रही है
कविताएँ कह रही है

46. चंद पंक्तियाँ

ग़ज़ल ही मेरी महबूबा और ग़ज़ल ही मेरी हीर भी
ग़ज़ल तजुर्बा भी देती है और जीने की तरकीब भी

तेरी आँखों में हूँ रहता, इनमें रहते जैसे ख्वाब हैं
तेरी आँखें हैं बहुत ही सुंदर, तेरी आँखें लाजवाब हैं

बहुत खूबसूरत हो तुम, न मुस्कुराया करो यूँ आईने के सामने
के शीशे कि जान पर बन आति है, और बेचारा चटक जाता है

तुम बार बार आईना क्यूँ देखती हो
क्या मेरी तारीफों पे यकीं नहीं है तुम्हे

47. चंद पंक्तियाँ

अजीबोगरीब कशमकश में ये जान आ गई
ख्वाब भी पूरे ना हो पाए, नींद भी अधूरी रह गई

ये दर्द और ये परेशानी क्या है, के कहो के तुम्हें बीमारी
क्या है
रोजे रखवाते हो, तो फिर बताओ के इंतजाम-ए-इफ्तारी क्या
है

जाग गये, तो उठो तुम्हें कुछ बताता हूँ
आओ मैं तुम्हें एक ख्वाब दिखाता हूँ

खुली आँखों से देखे है ख्वाब मैंने
ये खुदा इन्हे तू मुकम्मल कर दे

48. चंद पंक्तियाँ

रात घनेरी हो चली है के अब तो उजाला आएगा
सुबह का सूरज निकलेगा, सुनहरी किरणें लाएगा

बहुत देखी दुनिया हमने, फिर भी कम देखी
कुछ लोग देखे झूठे, कुछ शक्लें नकली देखी

जिम्मेदारियों के एहसास ने मुझे चलना सिखा दिया
मंजिल बहुत दूर है, पैर के छालों की परवाह कौन करे

तूने अपनाके मुझे खास बना दिया
अब हर शख्स आम है मेरे सामने

दुश्मन से जब मिलो तो रवादारी रखो
अपने बचने की तुम पूरी तैयारी रखो

49. चंद पंक्तियाँ

❦❦❦

माफ कर देना मुझे गर मैं सच बोल जाऊँ
के यारो मैं अपनी ही मस्ती में आ गया हूँ

❦❦❦

अच्छा खासा था यारो के बीच वहाँ पर मैं
क्यूँ इन अदाकारों की बस्ती में आ गया हूँ

❦❦❦

मेरे हुजरे में अब तुम इस के सिवा और क्या पाओगे
कलम, कागज, किताबें ही मिलेगी जब तुम यहाँ आओगे

❦❦❦

ना जाने कितने कारोबार डूब गये हैं देखो इस गिरानी में
मांझी खुश है, के बड़े दिनों बाद किश्तियाँ उतरी है आज
पानी में

❦❦❦

रात भर जागे तो सुबह थकानों ने थोड़ा सुला दिया
नींद लगने ही वाली थी के ख्वाबों ने फिर उठा दिया

❦❦❦

राजनीति / व्यंग

50. सियासत

ये सियासत है दोस्तों के कुछ ना कुछ तो करवाएगी

ये रोजे तो नहीं रखती पर इफ्तारी जरूर करवाएगी

ये मेरा गम है जो दिल ही दिल में मुझे खाए जाता है

कुछ और करे ना करे ये तुम्हारे हिस्से जरूर करवाएगी

ना तो इन को राम से मतलब है और ना ही इन को रहीम
भाता है

सभी सत्ता के भूखे है, इन्हें कुर्सी में ही अपना देवता नजर
आता है

कल वो थे तो क्या, आज ये है तो क्या, कल "आप" भी
आयें तो क्या

ये सभी एक जैसे है पर हर कोई अपनी कमीज को उजली
बताता है

51. नेता

अब फिर से कहीं तुम ठग ना जाना के
मौसम का मिजाज बड़ा हि सियासी है
सड़क पे आ गये है महलों मे रहने वाले
के चारो तरफ छाई हुई खादी ही खादी है
आज फिर आएँगे फिर भोर सवेरे उनके दर्शन होंगे
कुछ हाथ जोड़े खड़े तो कुछ चरणों में पड़े होंगे
महिलाओं, बूढ़े और युवाओं सब को अब नमन होंगे
कुछ कसमें होंगी तो कुछ लोकलुभावन वादे होंगे
फिर नई-नई योजनाएं तो फिर नये-नये प्रलोभन होंगे
इस चुनाव मे कुर्सी पाने के जाने क्या-क्या साधन होंगे
बदल दो इतिहास के अब वक्त तुम्हारा है
चुन लो के चुनने का अधिकार तुम्हारा है
जागो पहचानो खुद को क्या मोल तुम्हारा है
पूरी ईमानदारी से करो जो काम तुम्हारा है
चुनना उनको हि जो देश के सच्चे रखवाले है
वरना अब तक तो हमने अजगर बहुत पाले है
वादे नही अब हमे काम चाहिये
नेता नही अब हमे इंसान चाहिये
हर एक औरत का अब सम्मान चाहिये
बेटी की कोख मे सलामत जान चाहिये
बच्चों के चेहरे पे मुस्कान चाहिये

युवाओं को अपनी पहचान चाहिये
देश में सब का एक सा मान चाहिये
भारत की फिर वो ही अब शान चाहिये

52. सूरत-ए-हाल

आज इस देश का सूरत-ए-हाल क्या है
मचा हुआ हर तरफ ये बवाल क्या है
आज के मौसम में हर एक पल कोई साजिश है पल रही
कीसी की अस्मत हुई तार-तार, कोई जिंदा है जल रही
कहाँ गई हमारी तालीम-ओ-तर्बियत
क्या इतनी बिगड़ गई हमारी जहनियत
क्यूँ जेहन में छा रही इतनी हैवानियत
क्यूँ भूल रहे है हम अपनी इंसानियत
ये हाल देख कर जेहन में एक ही सवाल आता है
क्या ये वही देश है जहां औरत को पूजा जाता है

53. भ्रष्टाचार

चंड-प्रचंड हो रहा आज इस देश का माहौल है
ये भ्रष्टाचार का भाल है, ये भ्रष्टाचार का भाल है
ये वक्त तू रुक जरा, देख जरा देश का क्या हाल है
ये भ्रष्टाचार का भाल है, ये भ्रष्टाचार का भाल है
शूल सा चुभ रहा, लहूलुहान पड़ा, देश हुआ हलाल है
ये भ्रष्टाचार का भाल है, ये भ्रष्टाचार का भाल है
मर रहा, मिट रहा, पर किसको यहाँ ख्याल है
ये भ्रष्टाचार का भाल है, ये भ्रष्टाचार का भाल है
देश धधक-धधक जल रहा, मचा हुआ बवाल है
ये भ्रष्टाचार का भाल है, ये भ्रष्टाचार का भाल है
लुट रहा, पिट रहा, देश का किसान आज बेहाल है
ये भ्रष्टाचार का भाल है, ये भ्रष्टाचार का भाल है
गरीब भूख से मर रहा और कोई मालामाल है
ये भ्रष्टाचार का भाल है, ये भ्रष्टाचार का भाल है
एक जोर की आंधी है, एक बहुत बड़ा भूचाल है
ये भ्रष्टाचार का भाल है, ये भ्रष्टाचार का भाल है
कब इससे निजात मिले, दिल में एक यही सवाल है
ये भ्रष्टाचार का भाल है, ये भ्रष्टाचार का भाल है

54. चमन

चमन बिक रहा है चमन बिक रहा है
खरीदो खरीदो वतन बिक रहा है
लगा दाम दिल से लगा दाम दिल से
यहाँ पे सभी का क़फ़न बिक रहा है

55. व्हाट्सएप्प

व्हाट्सएप्प भी अब तो दोस्तों बवाल सा लगने लगा है
धूम मची है, महफिल सजी है, मनोरंजन की मंडी है
भर भर के फेको, काले धन सा माल लगने लगा है
भोर सवेरे खुल जाती है और देर रात तक चलती है
कौए काओं काओं कर रहे, संसद सा हाल लगने लगा है
यहां से उठाकर वहां फेको और वहां से उठाकर यहां
गंद भरा पड़ा है, सुलभ शौचालय सा हाल लगने लगा है
देश की मुद्रा की अस्मत को भी नादानों ने तार-तार कर दिया
के और कब तक चलेगा ये खेल, यही सवाल उठने लगा है
सच झूठ की परवाह किसको, झूठी खबरें बनाओ और फेलाओ
के नौटंकी और झूठ का सबसे बड़ा दलाल लगने लगा है
और सच कहें दोस्तों अब तो ये केजरीवाल लगने लगा है

56. मसखरों

है मसखरों का जमाना, मसखरे आ रहे है
मसखरे पा रहे है, मसखरे छा रहे है
के नजर हर तरफ अब मसखरे आ रहे है
मसखरे पेले मेवा, कलाकार सच्चे घास खा रहे है

57. प्यासी रूहें

ये प्यासी रूहों की बस्ती का आलम
टूटी तम्मना, झूठी हस्ती का आलम
धंदा-ए-धर्म, बुत परस्ती का आलम
धर्म पे हुकूमत की सरपरस्ती का आलम
भूखे पेट, तड़पते जज्बात, और ये उन्माद
लुट गया गरीबों की मस्ती का आलम
डसती महंगाई और ये ग्रहस्ती का आलम
ना वो जमाने ना वो सस्ती का आलम

तीज / त्यौहार

58. बसंत

वीणा बजी माँ सरस्वती का हुआ आगमन
झूम उठी धरा के मदमस्त हुआ गगन
नीरसता को दूर करो जागो सभी तुरंत
खुशियां मनाओ नाचो-गाओ के आ गया बसंत
आया बसंत के खिल गया सारा चमन
उमंगों ने की अठखेलियां गाने लगा मन
फूल और कलियाँ खिलखिलाने है लगी
सभी खुश है के आ गये दिन बहार के
धरा हुई मतवाली के चूमे है ये गगन
गांव लगे कशमीर सा के जनन्त हुआ बतन
शीतलता है छागई के खुश है आज मन
खुमारी छा गई जब चली ये मदहोश पवन
मन पागल हुआ जैसे कस्तूरी के लिए हिरण
नीरसता रही नहीं मिल गई जीवन की किरण
धरा खिलखिला उठी आज नाचे है गगन
कांटों का भी खौफ नहीं मीठी लगे चुभन
इच्छाओं को मत बांधों तुम करो इन्हें सुतंत्र
जी भर के तुम झूम लो आज के हो जाओ जीवंत
थिरकने दो पावं जमीन पे साधु हो या संत
नाचो-गाओ खुशियां मनाओ के आ गया बसंत

59. महाशिवरात्रि

आज महाशिवरात्रि है इसलिए हर बात मेरे शिव की ही होगी
आज रात भी शिव की है और बारात भी मेरे शिव की होगी
आज जमकर भांग भी घुटेगी और खूब ठंडाई भी बनेगी
आज माल बनेगा और दम भोले दम का कस भी लगेगा
मेरा शिव निराला है तो उसका श्रृंगार भी निराला ही होगा
दूध, दही, शहद, घी से अभिषेक और भांग का लेप लगेगा
ताजी भस्म लगेगी और बेलपत्र, आक और धतूरा भी चढ़ेगा
के मेरे जटाधारी की जटाओं में गंगा और गले में सर्प होगा
ये बारात है मेरे शिव की, के यारो जरा धूम से निकलेगी
शिव नंदी पे सवार, अनोखे बारातियों के साथ बारात चलेगी
के बारात जब इतनी खास है, तो बाराती भी खास ही होंगे
देवतागण, तो शिव की बारात में डरावने भूत भी साथ होंगे
कुछ भांग चढ़ाए तो कुछ भोले के नाम का दम लगाए होंगे
कुछ जमकर नाच रहे होंगे, कुछ मूह फाड़ कर हंस रहे होंगे
कुछ डमरू बजा रहे होंगे, कुछ मजे में त्रिशूल चला रहे होंगे
कुछ ढोल बजा रहे होंगे, कुछ गला फाड़ के गाना गा रहे
होंगे
यारो मंजर कितना सुहाना होगा, दहला दहला सा जमाना
होगा
सोचो शिव की ससुराल में क्या खूब बारातियों का स्वागत
होगा

आज महाशिवरात्रि है इसलिए हर बात मेरे शिव की ही होगी
आज रात भी शिव की है और बारात भी मेरे शिव की होगी

दर्शन / अध्यात्म

60. इबाद

वजू करूँ क्या, क्या मैं नमाज अता करूँ
और पढ़ूं क्या मैं पोथी, क्या पूजा-पाठ करूँ
छोड़ो, छोड़ो ये सब कुछ मेरे लिए नहीं है
ग़जल एक कहूं तो इबादतें हज़ार करूँ

61. मौत

जो आए मुझे मौत तो मेरे महबूब अपनी गर्म सांसों से मेरे
ठंडे लहू को पिघला देना

मेरी नजरों से मिला के तुम अपनी नजरें, यूँ देखना मुझे के
तुम मेरे होश उड़ा देना

अपनी गोदी में रखकर सिर मेरा, मेरे माथे पर तुम बतन
की थोड़ी माटी लगा देना

अपने सीने से एक बार लगा के मुझे, फिर तुम इस पंछी
को आसमान में उड़ा देना

देखो कहीं टूट ना जाए नींद मेरी, के जरा आहिस्ते से मुझे
अर्थी पर फिर लिटा देना

मेरे सीने पर रख देना तुम दुपट्टा अपना, और मुझे कफन
मेरी ग़ज़लों का उड़ा देना

ना ही मटके में कोई आग जलाना और ना ही दोस्तों मुझे
कोई भी गंगाजल पिलाना

मेरे अशआरों से माहौल को महका देना, और मेरे अशआर
ही मेरे होंठों से लगा देना

कांधों पे उठाओ, राम नाम सत्य है ना कहना, कह के मेरे
शेर उन्हें ही सत्य बना देना

ये जनाजा खास है, के निकले धूम से, गूंज मेरे शेरों की हो,
ये है मेरा रुतबा बता देना

मरघट पे लेकर मुझे जब तुम लोग पहुंचों, तो सभी बैठ

जाना और मुझे भी बैठा देना

मुझे आग लगाने से पहले, मेरी कोई ग़ज़ल सुना के मेरे
दोस्त जरा माहौल बना देना

मजमा लगा होगा, लोग तरन्नुम में ग़ज़ल तुम्हारी सुनकर
झूम रहे होंगे ये अरमान

दोस्तों फिर आखिर में तुम लोग खाक में मिलाकर मुझे के
मेरी राख खेतों मे उड़ा देना

किस्सा यहीं पे हो मेरा तमाम, तमाशा इसके आगे और कुछ
भी ना करना तुम दोस्तों

बस सब को मेरी ग़ज़लों की मय पिलाकर, रूह को मेरी
जन्नत-उल-फिरदौस उड़ा देना

62. शून्य से सफर

❧❧❧

शून्य से सफर किया शुरू
करूंगा खत्म पूर्ण पर
मेरे आंगे क्या बिसात मात की
यहां किसे है फिक्र रात की
के सूर्य सा मैं तेज हूँ
चंद्र सा मैं शांत हूँ
के मैं विचारशील हूँ
भावों की एक झील हूँ
ये सोच मेरी है प्रबुद्ध
ये ज्ञान मेरा है बुद्ध
मन मेरा कृष्ण है और
कर्म मेरा कृष्ण है
वक्त की ये जो चाल है
कर्म ही इसका जवाब है
ये जवाब लाजवाब है
मेरे अंदर कृष्ण बेहिसाब है
मैं तो एक शून्य हूँ
कृष्ण ही तो पूर्ण है
ये शून्य एक दिन मिट जाएगा
और बस कृष्ण ही रह जाएगा
के पूर्ण ही रह जाएगा

• 84 •

शून्य से .... पूर्ण पर

• 85 •

63. मधुशाला

मधुशाला से बिछड़ गए, जीवन का ये हाल क्या कीजिये
आग लगा ली चारो तरफ, फिर मचा ववाल क्या कीजिये
मर्जी तो उसकी ये ना थी, अब जी का जंजाल क्या कीजिये
मेला दुनिया का खड़ा किया, फिर आया भूचाल क्या कीजिये
मुसीबतों ने जकड लिया, फिर चाहे मालामाल क्या कीजिये
मन की कभी सुनी नहीं, अब माया का जाल क्या कीजिये
उलझ गया जीवन सारा, बुद्धि का ये कमाल क्या कीजिये

64. मय का प्याला

देखकर मैं मय का प्याला
पी गया हूँ खालिस हाला
सोचता अब मैं कहा हूँ
कोई कहे के मैं कहा हूँ
नीर सा बस बह रहा हूँ
मदिरा मदिरा कह रहा हूँ
अब कहाँ है होश मुझको
अब कहाँ है ध्यान मुझको
कोई कहे मुझे जानता है
कोई कहे पहचानता है
खींच रहा मैं कस ये दम दम
बोल रहा बस भोले बम बम
आ गया हूँ मैं तो तेरे
दर पे देखो ये मधुशाला
जाना जिसको जाए वो जन्नत
मुझे तो जाना बस मधुशाला
हूरें बहत्तर ना मुझको प्यारी
मुझे तो प्यारा है मय का प्याला

65. खेल

रात काली रात काली
फिर सबेरा फिर सबेरा
खेल सारा खेल सारा
कौन रचता कौन रचता
रोज सूरज दिन को आता
चाँद आता रात ही को
फिर बताओ ये सभी कुछ
कौन करता कौन करता
क्या हकीकत है ये सारी
क्या नियम ये चल रहा है
गर समझ इसकी किसी को
तो बता फिर राज क्या है
के अभी कह दूँ सभी कुछ
राज सारा खोल दूँ पर
क्या जरुरत क्या जरुरत
राज सारा खोल ने की
बह नदी भी तो रही है
जिंदगी भी बह रही है
मौज लूटो मौज लूटो
क्या जरुरत जान ने की
रात काली रात काली

फिर सबेरा फिर सबेरा

66. नींद

नींद गहरी सो रहा है
फिर भला क्यों रो रहा है (२)
भूल बैठा है कि खुद को
भीड़ में तू खो रहा है
नींद गहरी सो रहा है
फिर भला क्यों रो रहा है
काट ही जो ना सके तू
बीज वो क्यों बो रहा है
नींद गहरी सो रहा है
फिर भला क्यों रो रहा है
आदमी ही आदमी का
देख दुश्मन हो रहा है
नींद गहरी सो रहा है
फिर भला क्यों रो रहा है
जाने क्यों गंगा नहाते
पाप कम कब हो रहा है
नींद गहरी सो रहा है
फिर भला क्यों रो रहा है
धूल मन पर ही जमी है
जिस्म को पर धो रहा है
नींद गहरी सो रहा है

फिर भला क्यों रो रहा है
भार गठरी का बहुत है
बोझ कितना ढो रहा है
नींद गहरी सो रहा है
फिर भला क्यों रो रहा है
जिंदगी का फलसफा है
बिन किये सब हो रहा है (२)
नींद गहरी सो रहा है
फिर भला क्यों रो रहा है
काम कुछ करता नहीं मैं
नाम फिर भी हो रहा है
नींद गहरी सो रहा है
फिर भला क्यों रो रहा है
दे दिया अरमान तूने
इल्म तेरा जो रहा है
नींद गहरी सो रहा है
फिर भला क्यों रो रहा है

67. मदिरा

कण कण में मदिरा होती है
कण कण में है भगवान बसा
तुम्हे बुलाते हैं मंदिर-मस्जिद
मुझे बोलता है मदिरालय
मैं एक समंदर पी जाता
तुम एक बूँद ना पी पाते
तुम मदिरालय तक ना जा पते
मैं कण कण से मदिरा पीता हूँ
कण में गर भगवान नहीं
तो नहीं वो मंदिर-मस्जिद में
मंदिर-मस्जिद लाख बना लो
भगवान नहीं तुम पाओगे
गर दिखता नहीं भगवान हवा में
तो मूर्तियों में भी भगवान नहीं है
जिसे दिखा भगवान हवा में
उसे फिर मूर्तियों से काम नहीं है
पूजा-पाठ करो जितना भी
पर भगवान कभी ना पाओगे
धर्म गलत सबको है सीखा दिया
अब सब भटके भटके फिरते हैं
खुद में गर तुम ठहर गए तो

एक दिन भगवान हो जाओगे
फिर जो चाहे सो वो करो तुम
किसने तुमको रोका है
जी भर के मैं रचूं कविता
ये भगवान का मुझको तोहफा है
मंदिर-मस्जिद प्यारे तुमको
तुम भगवान को ठुकराते हो
भटक गए हो तुम कितना
मूर्तियों को भोग लगाते हो
नकली मदिरा पीनेवालों पर
मुझसा पीनेवाला भारी है
मानव की बुद्धि तो देखो
क्या क्या नाच नचाती है
खुद को ही भूका रखकर
मूर्तियों को छप्पन भोग लगवाती है
चलते मुकदमे भगवानों पर
और कातिल पूजे जाते हैं
भगवान को कैद करने की चाह में
मंदिर सभी बना रहे हैं
भगवान की लेकर आड़ सभी
अपनी राजनीती चमका रहे
डर बहुत है भीतर तेरे
तभी तो मंदिर-मस्जिद अच्छे लगते है
किंचित भयभीत नहीं गर तुम
कारागृह में कृष्ण जन्मते है
मुझमें से बोल रहा कृष्ण है
मत जानो ये मैं बोल रहा

मिटने को गर तैयार नहीं
तो ना मदिरालय ना मधुशाला
जो तनिक भी बचा नहीं है
जड़ होकर ठहर गया
मिला उसी को मदिरालय
मिली उसी को मधुशाला

68. कुदरत

❧❧❧

यहाँ कुछ भी नहीं मेरा नहीं सांसे कभी मेरी
नहीं ये जिस्म भी मेरा नहीं ये रूह भी मेरी
बता फिर क्यों करूँ शिकवा शिकायत भी करूँ मैं क्यों
कि कुदरत का सभी कुछ है किसी का भी नहीं कुछ है
उसी की तो यहाँ सत्ता उसी का ये जहाँ सारा
ये मर्जी है उसी की तो दिया उसने मुझे सब कुछ
मुझे दी जिंदगी उसने मुझे दी बंदगी उसने
उसी ने तो मुझे भेजा जमी पर फिर उसी ने तो
हुनर बख्शा कला बख्शी कलम बख्शी जहाँ बख्शा
नहीं इक भी कमी कोई कहीं भी तो रखी उसने
सुखन का फन मुझे देकर सुख़नवर फिर बनाया है
अभी नादां यहाँ सब हैं समझ ही है कहाँ किसको
यहाँ इंसा बड़ा बेबस बता फिर ये अकड़ कैसी
जिसे किस्मत सभी कहते मेरा उससे नहीं रिस्ता
जिसे तुम सब खुदा कहते नहीं है वो खुदा मेरा
मैं काफिर हूँ मैं काफिर हूँ नहीं कोई खुदा मेरा
मुहब्बत ये नहीं आसां कहा सबने यही तो है
मुहब्बत जब हुई तो फिर ये समझा और ये जाना
गली ये प्यार की सकरी नहीं इसमें कभी दो हैं
नहीं दो जिस्म हैं इसमें नहीं रूहें कभी हैं दो

❧❧❧

काव्य सुराही

69. धारा

❧❧❧

दो हि धारा हैं जगत में, प्रेम की इक क्रोध की
जो बहे धाराओं में इन, सोचता वो तो नहीं
भेद फिर उसको न बांधे, भ्रम भी उसको है नहीं
है धर्म क्या के अधर्म क्या, पुण्य क्या है पाप क्या
क्या है में ये आप क्या है, मान क्या अपमान क्या
क्या नफा नुक्सान क्या है, नाम क्या बदनाम क्या
क्या है अपना क्या पराया, क्या मिरा है क्या तिरा
सुख न कोई दुख न कोई, क्या है अच्छा क्या बुरा
क्या सफलता क्या विफलता, क्या सही है क्या गलत
भेद बुद्धि के है सारे, भेद मन को है नहीं
भेद दुनिया ने दिए हैं, हैं समाजों ने दिए
साथ मन के जी रहा जो, साथ मन के रह रहा
भेद काटे हैं उसी ने, एक सम में बह रहा
सत्य कोई जानता ना, सत्य कोई मानता
भेद बिन जो भी बहा है, रच गया इतिहास वो
शून्यता देती हैं धारा, जो उतर गहरा गया
एक धारा पा गया वो, जो यहाँ है कृष्ण की
एक पूर्ण पा गया वो, बादशाही पा गया
फिर बहे जो भी वहां से, कर रहा वो सब सही

❧❧❧

70. गहरा

जिस पल मैं डूब गया
उस पल ही तैरा हूँ मैं
उस पल ही उतरा गहरा
उस पल ही ठहरा हूँ मैं
कल्पना की ये धार तेज है
ये काटे सब जंजालों को
झूठा सारा ज्ञान ये काटे
ये काटे बंधन के तालों को
मुक्त मुझे बंधन से करती
और बना देती मुझको राजा
मुझको सारी कुदरत देकर
मुझसे कुछ कुछ रचवाती है
तीर मुझपे जो भी है आया
हर वो तीर ठाकुर ने झेला
जिंदगी क्या है मुझे समझ दी
बाकी सब जग का रेलमपेला
खुद को बेचने की चाह नहीं
ना किसी का खरीददार हूँ
मिलता नहीं हूँ बाजारों में मैं
मिलूं ना ज्ञान भरी दुकानों पर
ना मीलों मंदिर-मस्जिद में

ना तुम्हारे बनाये मकानों में
खोजोगे मुझको तो जानोंगे
के मेरा कहाँ ठिकाना है
मैं तो एक समंदर हूँ
नदिया मुझमें समाई हैं
बहती बहती नदिया आती
और मुझमें समा ये जाती
कष्ट तनिक भी ना पाता हूँ
मन की मस्ती में रहता हूँ
कविता रचता हूँ रजकर मैं
लिखता हूँ और मैं गाता हूँ

71. प्रेम

☙❧❧☙

प्रेम तो खुद में एक पूर्ण एहसास है
जिससे अस्तित्व में सारी कायनात है
प्रेम तो ना है तप और ना ही ध्यान है
प्रेम तो शुन्यता में सृजन की खान है
प्रेम तो मन की एक गहरी प्यास है
प्रेम ऊर्जा सृजन की बड़ी ख़ास है
प्रेम है मन और काया का पावन मिलन
प्रेम से ही सृष्टि का हुआ है सृजन
प्रेम बहती हुई एक धारा है जैसे
प्रेम तो हर सफर का किनारा है जैसे
प्रेम तो है जीवन की सुनहरी किरण
प्रेम से चलते है धरती और ये गगन
प्रेम तो है खुद का पूर्ण समर्पण
प्रेम है सकारात्मक रूपांतरण
प्रेम तो शक्ति का विश्वास है
प्रेम तो आत्मा की ही श्वास है
प्रेम तो ऊर्जा का एक भण्डार है
प्रेम का नहीं कोई भी पार है
प्रेम से ही हर ओर विस्तार है
प्रेम तो पूर्ण है प्रेम अपार है
प्रेम तो बात है बस उल्लास की

प्रेम है अनुभूति परम एहसास की

72. चदारिया

❧❦❧❦

इक जुलाहा बुनी चदारिया
इक घर भेजी गई चदारिया
जिस घर भेजी उसने अपना बताया
नाम, धर्म और जात का तिलक लगाया
बुनने वाले का किसी को ध्यान ना आया
घर वालों ने उसपे अपनत्व जमाया
होनी तो थी कुछ और चदारिया
हो के रह गई कुछ और चदारिया
थी बड़ी ही विराठ चदारिया
सिमट के रह गई हाय चदारिया
फिर उसको इतना सिखलाया
के उसको अपना आप भुलाया
सौंप दिया शैतान के हाथों
जिसने जो चाहा फिर वो बनाया
जिसने बूनी उसका प्यार नजर ना आया
के कोई इस चदारिया का मर्म ना पाया
जैसी आई वैसी जानी थी चदारिया
निपट कोरी कहलानी थी चदारिया
लाद दिया उसपे जाने क्या क्या
हाय रे कर दीनी बर्बाद चदारिया
कबीरदास कोई एक कहाया

जिसने जैसी की तैसी रख दीनी चदारिया
बड़े प्यार से किसी ने बनी चदारिया
कबीर वैसी की वैसी रख दीनी चदारिया

73. आँख

आँख ऐसी तू मुझे दे ये खुदा
झांक भीतर देख जो ले ये खुदा
हूँ नमाजी या पुजारी मैं नहीं
वास्ता क्या बंदगी से ये खुदा
वक़्त की है मार जाने कौन ये
जान पाता कोई इक ये ये खुदा
एक काफिर कह रहा है ये ग़ज़ल
चीखता दिल लोग बहरे ये खुदा
आँख जागे तो सबेरा हो नया
नींद टूटे ज्ञान जागे ये खुदा

74. आत्मा

आत्मा आत्मा आत्मा आत्मा
आए हम शरण तेरी आत्मा
रूप परमात्मा का हो तुम आत्मा
अब तुम ही सम्भालों हमें आत्मा
कामना कोई मन में ना हो आत्मा
हम फल बिन करें कर्म हे आत्मा
कामनाओं को अब तू मिटा आत्मा
कृष्ण को अब तू ही जगा आत्मा
गीत तेरे ही हम तो गएँ हे आत्मा
दिखा दे हमें अब तू परमात्मा
मिला दे हमें खुद से अब आत्मा
तू जगा दे हमारा भी परमात्मा
स्वार्थ से हटके हों कर्म सर्व के लिए
मिटा के अँधेरा, जगा दीप तू आत्मा

75. गुलाम

वक़्त का गुलाम हूँ
आदमी भी आम हूँ
भर के जो छलक गया
मैं नहीं वो जाम हूँ
हुक्म तो जरा करो
मैं तेरा गुलाम हूँ
पाप क्या ये पुण्य क्या
कर्म मैं तमाम हूँ
ना कभी कहूं नहीं
काम मैं तमाम हूँ

76. समय

है समय का खेल सारा
ये समय ही खेलता है
खेलता है जिंदगी से
खेलता है मौत से ये
है समय का खेल सारा
ये समय ही खेलता है
ये समय कहता सभी से
जाग जरा तू देख मुझको
एक नियम से चल रहा हूँ
मैं सभी कुछ कर रहा हूँ
दे रहा हूँ जिंदगी मैं
ले रहा हूँ जिंदगी मैं

77. धृष्टा

एक यही एहसास है जो हम लेकर आये थे
एक यही एहसास है जो हम लेकर जाएंगे
बाकी कुछ भी नहीं है अपना
सब छोड़ यहीं जायेंगे
धर्म भी छूटेगा सब का
कर्म भी छूटेगा सब का
हम तो बस धृष्टा है प्यारे
धृष्टा ही कहलायेंगे
इस पार भी हम एहसास हैं प्यारे
उस पार भी हम एहसास रहेंगे
इस पार भी हम एहसास हैं प्यारे
उस पार भी बस एहसास रहेंगे

78. पापी

पापी जग में कोई नहीं है
अज्ञान के कारण ज्ञान ढाका
पापी जग में कोई नहीं है
अज्ञान के कारण ज्ञान ढाका
पा लो मुक्ति परमात्मा हो तुम
ये बात समझ जाओगे
पा लो मुक्ति परमात्मा हो तुम
ये बात समझ जाओगे
धर्म जिसे सब कहते हैं
धर्म नहीं वो है मेरा
बंधन है बस ये एक जन्म का
काटो बंधन मुक्ति पा जाओगे
बंधन है बस ये एक जन्म का
काटो बंधन मुक्ति पा जाओगे

79. देह

माटी की यह देह है माना
माटी में मिल जाना है
जीवन उसने जितना दिया है
वो तो हसके बिताना है
जीवन जी लो खुलकर सारा
मित्यु का क्या ठिकाना है
कर्म करो वो ही जो मजा दें
कर्मो से क्या घबराना है
बिन फल के कर्म किये जा सारे
फल में क्यों आस लगाना है
मित्यु भी अफ़सोस करे फिर
जीवन ऐसा बिताना है

80. आईना

आईना जो कहता है हम उसे मान लिया करते हैं
आईने के जरिए हम खुद को पहचान लिया करते हैं
जो होती है कोई कमी तो वो कह देता है मुझे बुरा
और हम चुपचाप खुद को बुरा मान लिया करते हैं
अब कहा मंदिर मस्जिद में जाए हम खुदा को ढूंढने
हम इसे ही समझ खुदा माफी मांग लिया करते हैं

81. ताबीज

ना मैंने कोई धागा ही बांधा
ना मैंने कोई है ताबीज पहनी
करम मेरा इतना हो सक्षम हे ईश्वर
के पाऊं मैं वो जो हो मर्जी मेरी
दुआओं में मेरी हे ईश्वर तुम आना
मेरे सभी तुम बिगड़े काम बनाना
कहे कोई के ताबीज से, धागे से मिलेगी
तो वो सत्ता भी मानो मैंने त्यागी है ईश्वर

82. समय का पहिया

समय का पहिया घूम रहा है
पल पल बदल रही है सूरत
साकी बदले बदल रही है मूरत
है ठहराव की सख्त जरुरत

83. धर्म

हिन्दू, ना मुस्लमान, ना शिख, ना ईसाई
आपस में है ये तो बस धर्मों की लड़ाई
धर्म जिसे समझ रहे वो धर्म नहीं है भाई
ये वो साजिश है चाँद लोगों मिलके है रचाई
बच्चे सभी उसी के हैं सुन प्यारे भाई
उस ने ना तो धर्म, ना जात-पात बनाई

84. श्रद्धा और सभुरी

श्रद्धा और सभुरी का देकर जग को मीठा प्याला
श्री साईं ने दे दी कितनी प्यारी खालिस हाला

85. मंदिर / मस्जिद

मंदिर में भगवान को ढूंढा मैंने और मस्जिद में ढूंढा. अल्लाह को

ना ही मस्जिद में मौला मिला और ना ही मंदिर में मिला भगवान

मजमा लगा हुआ था, मौलवी और पंडित दोनों खूब बांट रहे थे ज्ञान

हुजूम खूब था पर अफसोस इनमें एक भी मुझको मिला नहीं इंसान

86. कान्हा की बंसी

ओ प्यारे कान्हा तेरी बंसी कुछ ऐसे बजी
जैसे प्रेम अंबर से सब पे तूने बरसा ही दिया
के राधा तो पहले से तुझमें सामाई ही थी
मीरा को भी तूने अपनी दीवानी बना ही दिया

87. संगीत

अधरों को देकर गीत चला मैं
जीवन को देकर संगीत चला मैं
किंचित बहभीत नहीं जंजालों से
पीड़ा ना मुझको उर के छालों से
जीभर रोज मदिरापान किया मैंने
तब जाके कविता का विस्फोट हुआ
कर्म फूटते हैं अब मुझमें
ये मादकता मुझको है प्यारी
मृगतृष्णा कोई नहीं मुझमें
मुझे पता कस्तूरी मेरे भीतर है
क्यों यहाँ से वहां भागूं मैं
दिन-रात किसी पिपासा में
मध्ये में आकर इस्थित हो गया
अब आशा है ना कोई निराशा है

धन्यबाद

❧❧❧

उम्मीद करता हूँ के आपका काव्य का ये सफर सुहाना रहा होगा
और आपको ये रचनाएँ पसंद आयीं होंगी!
आप सभी का तहे दिल से शुक्रिया है!
धन्यबाद

❧❧❧

Manish Saraf (Armaan Saagri)